DES

USAGES LOCAUX

COUTUME D'ORLÉANS

BAUX VERBAUX

LOUAGE DES DOMESTIQUES

Par A. WEBER

ANCIEN NOTAIRE

ORLÉANS

H. HERLUISON, LIBRAIRE-ÉDITEUR

17, RUE JEANNE-D'ARC, 17

—

1882

DES USAGES LOCAUX

COUTUME D'ORLÉANS

IMP. GEORGES JACOB, — ORLÉANS.

DES

USAGES LOCAUX

COUTUME D'ORLÉANS

BAUX VERBAUX

LOUAGE DES DOMESTIQUES

Par A. WEBER

ANCIEN NOTAIRE

ORLÉANS

H. HERLUISON, LIBRAIRE-ÉDITEUR

17, RUE JEANNE-D'ARC, 17

—

1882

AU LECTEUR

Le but de cet opuscule est de mettre à la portée des personnes auxquelles l'étude des lois n'est pas familière quelques connaissances qui leur permettent d'éviter de petites contestations, qui finissent parfois par de gros procès.

L'auteur n'a d'autre mérite que celui d'avoir eu le temps et la patience de rechercher les usages encore en vigueur à Orléans.

Répondre à un besoin, être utile à ses concitoyens, telle a été sa seule ambition.

Utinam sit !

A. WEBER,
Ancien notaire.

Château de Boucheteau (Saint-Mesmin), mai 1882.

DES USAGES LOCAUX

COUTUME D'ORLÉANS

De omni re scibili.....
Et quibusdam aliis.....

Le Code civil n'a été qu'une transaction entre le droit écrit et le droit coutumier, entre l'ancienne jurisprudence et les doctrines nouvelles de la Révolution.

Les législateurs de 1805 ont emprunté au droit romain, aux coutumes, aux anciennes ordonnances, les maximes dont la sagesse et l'utilité pratique avaient été consacrées par un long usage et par l'autorité des hommes les plus éminents dans la science. (Notre illustre compatriote, Pothier, a notamment servi de guide.)

C'est pour cette raison qu'en vertu des textes eux-mêmes qui nous y renvoient, ou qu'en présence de dispositions obscures ou incomplètes de nos lois, il faut remonter aux sources et rechercher ce qu'a voulu dire ou ne pas dire le législateur.

Ces recherches nécessitent un long et pénible travail,

et n'aboutissent pas toujours à donner au juge une ferme conviction; mais, au moins, elles permettent aux avocats de fournir, de chaque côté de la barre, de brillants développements historiques dont ils déduisent des arguments aussi péremptoires que favorables à leur thèse. C'est toujours cela !

Examinez un auditoire d'audience civile :

Après la première plaidoirie, ce bon public ne s'explique pas pourquoi le procès a pu naître, tant la cause est claire.

Après la réplique, les idées de ce même bon public sont quelque peu bouleversées; il avoue qu'il y a bien un point sur lequel....

Mais le jugement prononcé, ledit public affirme que son sentiment y a toujours été conforme.... *Vœ victis !*...

L'avocat perdant conserve pourtant des sympathies; il a cité tant de textes !... et les deux confrères quittent ensemble le prétoire en se souriant; nos mœurs se sont très-policées depuis le temps des augures.

Cette *survie* des coutumes, possible en 1805, n'a plus aujourd'hui aucune raison d'être. La suppression des distances, l'unification des mœurs, des besoins nouveaux, réclament impérieusement l'unification des lois et des textes modernes. On le sait si bien qu'à des dates diverses (1845, 1852, 1861) les gouvernements ont essayé de recueillir officiellement les coutumes. Les préfets ont approuvé les travaux des commissions; mais les rapports n'ont pas été publiés. Quand même les rapports eussent été publiés, ce qui n'a pas eu lieu partout, la mesure était inefficace: on ne fait pas un habit neuf avec de vieux morceaux, et ce qu'écrivait

Voltaire en 1745 est demeuré vrai après cent dix-huit ans :

> « Il y a, dit-on, 144 coutumes en France qui ont force de loi. Les lois sont presque toutes différentes. Un homme qui voyage dans ce pays change de lois presque autant de fois que de chevaux de poste. Les mesures sont aussi différentes que les coutumes, de sorte que ce qui est vrai dans le faubourg Montmartre est faux dans l'abbaye de Saint-Denis. Dieu ait pitié de nous ! »

Nous serions surpris que nos Chambres, effaçant ces souvenirs d'un passé qui ne laisse plus aucune trace, n'aient pas encore abrogé ces usages surannés et fixé des règles uniformes dont notre existence journalière a besoin ; nous serions surpris, disions-nous, si nous ne constations qu'à notre époque la politique passionne et absorbe tellement les esprits, même les meilleurs, que le temps matériel manque pour s'occuper d'intérêts secondaires, soit, mais agaçants par la multiplicité des contestations auxquelles ils donnent lieu.

Nous connaissons des esprits chagrins qui attribuent cette indifférence législative à ce fait qu'il est plus profitable à l'égoïsme d'employer temps et peines à ne proposer et discuter que des lois qui, flattant les passions du moment, constituent un titre à un portefeuille ou servent, tout au moins, de réclame électorale. Mais que ne fait pas dire la jalousie ? Nous préférons croire que cette révision de quelques articles du Code que, dans notre présomptueuse ignorance, nous jugeons si facile, est un travail tel qu'on ne saurait trop y réfléchir avant de l'entreprendre.

Ces *réflexions* pouvant se prolonger chez nos législateurs, nous avons les plus grandes chances de continuer *longtemps encore* à fouiller les antiques coutumes et à plaider avec nos parents, nos voisins, nos amis, nos domestiques, sur des textes dont l'élasticité est proportionnelle à leur âge, à nos intérêts et à nos appétits ; aussi abordons-nous, sans aucun scrupule, l'étude de la recherche de la coutume de notre contrée, espérant pouvoir offrir à nos concitoyens, sinon des règles très-certaines, du moins de sérieuses probabilités.

PREMIÈRE PARTIE

BAUX ET LOCATIONS VERBALES

« Ceci est une étude de bonne foi. »
(MONTAIGNE.)

I. — DISTINCTION ENTRE LES BAUX ÉCRITS ET LES LOCATIONS VERBALES.

On ne se donnait, jadis, la peine d'écrire que les baux de propriétés importantes et à long terme. Ces baux avaient tous une durée fixée dans le contrat.

Quant aux locations de petites propriétés, aux baux de modeste loyer, ils se faisaient verbalement. Ces baux étaient faits suivant la coutume et n'avaient pas de durée limitée.

On appelait alors communément :

Bail *écrit :* un bail à durée limitée ;

Bail *verbal* ou location *verbale :* un bail sans durée convenue, régi par l'usage des lieux.

Ces acceptions de mots, quoique différentes du sens grammatical, et bien que les contrats écrits soient devenus beaucoup plus fréquents, ont été conservées dans notre Code. « Je vous loue ma maison pour tant de temps... » est encore un bail écrit.

« Je vous loue ma maison tant par an... » est encore une location *verbale*.

Et cela, que les conventions du louage soient écrites ou ne le soient pas, et quelle que soit l'importance du loyer.

Cette distinction est essentielle, car les règles sont toutes différentes suivant qu'il s'agit d'un bail écrit ou d'une location verbale.

Ainsi :

Le bail est-il *écrit* (à durée fixe)? Il cesse de plein droit à l'expiration de son terme, sans qu'aucun congé soit nécessaire. (C. c., 1737.)

Le bail est-il *verbal* (à durée non prévue)? Il ne cesse que par un congé donné par l'une des parties à l'autre, « en observant les délais fixés par l'usage des lieux. » (C. c., 1756.)

Si le bail est *écrit*, il peut commencer et finir à n'importe quelle date de l'année qu'il a plu aux parties de convenir.

Si le bail est *verbal*, il ne peut finir qu'à l'époque déterminée par l'usage local.

II. — NÉCESSITÉ D'ÉCRIRE TOUS LES BAUX.

Nous avons entendu dire par de respectables vieillards que, *de leur temps,* la parole donnée valait un écrit, et que jamais on ne *revenait* sur une convention faite de vive voix. Nous n'y contredirons point ; mais aujourd'hui, soit que nous vivions si vite et entreprenions tant d'affaires à la fois que la mémoire ne puisse suffire à tout, soit.... pour toute autre cause, il y a trop souvent des difficultés sur les conventions arrêtées verbalement, et nous ne saurions assez recommander : d'écrire toujours, mais toujours, les conventions, quelque minime qu'en soit l'intérêt pécuniaire. (Il est vrai que, même avec des écrits, on plaide encore ; mais, au moins, la physionomie du procès n'est plus la même.)

Voyez que de difficultés possibles, puisque :

1° Le bail *non rédigé par écrit* ne peut, quand il n'y a pas eu commencement d'exécution, être prouvé par témoins, quelque modique qu'en soit le prix et qu'on allègue qu'il y a des arrhes données (C. c., 1715), et le serment qu'on peut déférer à celui qui nie n'est peut-être, *malgré le choix de la formule* (1), qu'une garantie très-relative, en sorte que le locataire peut se voir, le jour du terme, refuser l'entrée de son nouvel appartement. On discute, on parlemente ; les meubles restent à la porte en attendant que les tribunaux aient statué, ce qui, avec les délais d'appel et de cassation, peut durer trois ans.

2° La preuve de la location fût-elle faite, le *quantum* du loyer peut encore donner lieu à procès. (C. c., 1716.) Ou le propriétaire sera cru sur son serment, ou le locataire pourra demander l'expertise ; mais ce dernier en paiera les frais si l'estimation excède le prix qu'il a déclaré.

Notez que c'est au propriétaire (l'infâme capital) qu'est

(1) « Je veux que vous ayez le droit de prêter serment sur un crucifix ou *sur une queue de vache* (textuel). » (Paroles du président Gatineau à la réunion publique tenue à Paris le 2 avril 1882.)

dévolu le serment, et qu'il y a là encore une réforme à faire en faveur du prolétariat-locataire qui pourra placer la formule de son choix.

On admet, cependant, que si le loyer annuel est inférieur à 150 fr., la preuve par témoins est admise. Mais, dans bien des espèces, pour savoir si le loyer est inférieur à 150 fr., ne faudra-t-il pas une expertise ?

III. — ARRHES, DENIER A DIEU.

Les arrhes étaient autrefois la preuve du bail ; depuis l'article 1715 que nous avons cité, il n'en est plus rien.

Si, malgré tout, des arrhes ont été données, leur montant :

Est imputable sur le prix du loyer ;

Et doit être restitué si la location n'a pas lieu.

L'usage autorise les parties à se désister dans les vingt-quatre heures de toute location verbale.

Ce *denier à Dieu* n'est qu'un lien moral qui n'a aucune puissance juridique, pas plus que les arrhes, du reste. C'est une gratification, un *pourboire* donné à un domestique (valet ou concierge) à l'occasion de la location.

D'où il résulte :

1° Que si c'est le propriétaire qui se dédit, le denier à Dieu doit être restitué ;

2° Que si c'est le locataire qui rompt l'engagement, il n'a pas droit à la restitution ;

3° Que ce *pourboire* étant de pure générosité, et que

celui qui l'a reçu n'étant pour rien dans le changement de volonté, il est *mesquin* de le réclamer.

Ce denier à Dieu, en raison même de sa nature, ne vient jamais en compte sur le loyer.

IV. — DÉLAIS DE CONGÉ. — COUTUME D'ORLÉANS.

« A Orléans, nous n'avons, dit Pothier, qu'un terme d'où les baux de maisons commencent et auxquels ils finissent, savoir :

« Celui de la Saint-Jean pour les maisons de ville, et celui de la Toussaint pour la campagne.

« Lorsque les parties ne se sont pas expliquées sur la durée du bail, il est censé fait pour un an à commencer du prochain terme ; et si le locataire est entré en jouissance avant le terme, il (le bail) est censé fait : *tant* pour le temps qui doit courir depuis qu'il est entré en jouissance jusqu'au terme, *que* pour un an depuis ledit terme.

« Le bail, ajoute Pothier, expire de plein droit au bout de l'année, sans qu'il soit nécessaire de signifier congé auparavant. »

MM. Troplong (n° 408) et Dalloz (V°, *Louage*) pensent que l'article 1737 du Code civil n'exige pas, d'une manière impérative, que le congé soit donné, puisque les parties s'étant référées volontairement à la coutume locale pour régler leurs conventions, les dispositions de cette coutume viennent s'incorporer nécessairement à cet accord. *Eadem vis est taciti ac expressi.*

Mais attendu :

Que l'habitude des congés, bien justifiée d'ailleurs par l'intérêt réciproque du propriétaire et du locataire, est devenue générale ;

Que le congé est d'autant plus nécessaire que l'article 420 de la coutume d'Orléans prescrit : qu'à son défaut, il y a tacite reconduction si le locataire continue à occuper les lieux pendant *huit* jours après l'expiration de l'année ;

Enfin, que le tribunal d'Orléans a plusieurs fois jugé que le bail verbal n'expirait plus, de plein droit, à la fin de l'année ;

Nous n'hésitons pas à dire avec Pailliet : que *le congé est toujours indispensable pour résoudre une location verbale.*

En résumé, nos usages actuellement en vigueur sont les suivants :

(Voir Pothier, *Coutume d'Orléans*, t. IV, n⁰ 29. — Pailliet, ancien magistrat à Orléans, *Manuel complémentaire des Codes*, p. 779. — Rapport, arrêté en 1845, des juges de paix des cinq arrondissements d'Orléans, archives de la Préfecture.)

Premièrement. — *Ville d'Orléans et faubourgs.*

Les locations sont d'une année, de Saint-Jean à Saint-Jean (24 juin).

Les délais de congés sont :

De six mois avant la Saint-Jean pour :

Une maison entière, un magasin, une boutique ;

Et de trois mois, avant la Saint-Jean, pour un appartement ou une chambre.

Il n'y a pas d'exception, quel que soit le chiffre du loyer.

A Paris et dans plusieurs autres localités, les juges de paix, commissaires de police et autres fonctionnaires obligés à habiter dans leur ressort, jouissent du délai de six mois, bien que pouvant ne pas occuper une maison entière. Cette exception n'existe pas à Orléans, non plus que pour les instituteurs.

Deuxièmement. — *Banlieue d'Orléans.*

Les locations sont d'une année, de Toussaint à Toussaint (1er novembre).

Le congé doit être donné au plus tard le jour de la Madeleine (22 juillet), avant midi.

Il n'y a pas d'exception autre que pour les baux à ferme dont nous parlons ci-après.

Dans la banlieue d'Orléans, comme toutes les maisons, ou à peu près, sont louées avec jardins, terres de petite culture ou vignes, le 1er novembre, terme unique, s'applique à l'ensemble de la location.

Quant aux propriétés d'agrément, dites maisons de campagne, aux environs de la ville, elles peuvent n'être louées que pour la belle saison ; mais, à défaut de preuve contraire, elles sont réputées louées pour l'année, de Toussaint à Toussaint.

Troisièmement. — *Règles communes.*

Si le locataire entre en jouissance avant la Saint-Jean ou la Toussaint, le 1er janvier par exemple, la location durera jusqu'à la deuxième Saint-Jean ou la deuxième Toussaint suivante.

2

Quatrièmement. — *Baux à ferme.*

Pour les baux à ferme, le Code, abrogeant toutes les coutumes, a fixé les durées par les articles 1774, 1775 et 1776 du Code civil.

Cinquièmement. — *Destination rurale d'une maison bourgeoise.*

Si une habitation bourgeoise était louée à un cultivateur en même temps que des biens de grande culture, ou même après, mais que cette maison, bien que non comprise dans les bâtiments de la ferme, servît de seule habitation ordinaire au fermier (en raison de sa proximité des terres ou de son agrément personnel), la durée du bail de cette maison serait celle assignée à celui des terres, pourvu toutefois qu'il soit établi que le cultivateur a loué cette maison en déclarant formellement sa destination.

Sixièmement. — *Remise des clés.*

1° Ville et faubourgs.

A l'expiration du congé, c'est-à-dire le 24 juin même, les locataires doivent commencer leur déménagement ; un délai de grâce jusqu'à la Saint-Pierre (29 juin), à midi, leur est accordé pour le terminer et pour achever les réparations locatives.

2° Banlieue.

Les baux finissent à la Toussaint, et le lendemain

2 novembre (jour des Morts), avant midi, le délogement doit être terminé.

3° Usages communs.

Les locataires sortants doivent, le jour de la Saint-Jean ou le jour de la Toussaint, donner aux locataires entrants la moitié des locaux par eux occupés, s'ils jouissent de plus d'une chambre.

Ces délais de grâce, qu'on s'explique mal, si différents de durée pour la ville et pour la campagne, sont accordés par l'usage, que le bail soit écrit ou verbal.

Si le dernier jour est férié, les clés doivent être rendues la veille.

De ce que ces délais sont de faveur, il résulte :

Qu'ils n'entrent pas dans les délais de congé ;

Qu'ils n'entraînent pas de supplément de loyer ;

Qu'ils peuvent être refusés au locataire qui n'en aurait pas besoin, soit parce que son déménagement peut être terminé, sans inconvénient, le lendemain ou le surlendemain de l'expiration du bail, soit parce que, n'habitant plus les lieux, il n'y a plus de meubles ou n'y a que des objets sans grande importance. (Duvergier, t. IV, n°s 67, 68 ; Troplong, n° 420.)

V. — QUAND LE CONGÉ DOIT ÊTRE DONNÉ.

Le congé doit être donné *avant* que le premier jour du terme de trois mois ou de six mois, pour les villes et faubourgs, soit commencé, c'est-à-dire au plus tard la veille du premier jour de ce terme.

Soit, au plus tard :

Le 25 décembre pour les maisons entières, magasins et boutiques ;

Et le 25 mars pour les appartements et chambres.

Dans la banlieue d'Orléans, le congé doit être donné, au plus tard, le 22 juillet (Madeleine), avant midi.

Le congé ne peut jamais être donné que « pour le terme d'usage ; » en conséquence, le délai de trois mois ou de six mois ne compte que du jour qui précède ce délai, et le congé donné à une époque plus rapprochée n'a d'effet que pour le terme. (Paris, 5 avril 1850.)

Exemple : on donne congé le 1er novembre pour une maison entière ; ce congé n'aura d'effet que pour le 24 juin suivant, exactement comme s'il n'avait été donné que le 25 décembre.

Le congé anticipé n'a d'autre avantage que de permettre aux deux parties de se pourvoir plus tôt.

Le délai de six mois ou de trois mois doit être *complet ;* ne manquerait-il qu'un jour pour le rendre tel, il ne pourrait pas produire son effet. (Nancy, 12 juillet 1833 ; Troplong, n° 419.)

VI. — QUI PEUT DONNER OU ACCEPTER CONGÉ.

Pour résilier la location comme pour la faire, pour donner ou accepter congé valablement, il faut être « capable de contracter. »

Ainsi, les femmes mariées, sans l'assistance de leurs maris ou l'autorisation de justice (sauf les cas prévus par les art. 217, 1449, 1576 du Code civil), le mineur non émancipé, l'interdit, ne peuvent ni donner ni accepter congé.

Le congé est donné par la partie qui veut résoudre la location. (C. c., 1736.)

Lorsque les lieux loués appartiennent à plusieurs propriétaires indivis, l'un d'eux n'a pas le droit de donner congé pour son compte particulier ; le congé doit être collectif, à moins que tous les indivis n'admettent (et ne justifient) que l'un d'eux a agi pour le compte commun. (Troplong, n° 427 ; Curasson, *Compétence des juges de paix ;* Cassation, 25 pluviôse an XII.)

Réciproquement, le congé donné par le locataire à des propriétaires indivis, doit être signifié à tous les propriétaires.

En sens inverse, si la chose louée est occupée par plusieurs preneurs indivis on distingue :

Si les preneurs sont solidaires, le congé doit être donné (ou accepté) à tous (ou par tous).

Si les preneurs ne sont pas solidaires, chacun d'eux peut donner ou accepter congé pour sa part et portion. (Curasson et Troplong, *loc. cit.*)

Donner à loyer pour le terme d'usage des maisons ou appartements dépendant de l'hérédité, donner ou accepter congé des locations, est-ce faire acte d'héritier ?

La jurisprudence est très-divisée (voir Demolombe, t. XIV, n°s 427 et suivants) ; aussi conseillerons-nous ou de s'abstenir, ou de ne le faire qu'en vertu d'une autorisation judiciaire réservant le droit de *prendre qualité.*

VII. — FORMES DU CONGÉ.

Le congé nécessaire pour les locations faites sans durée limitée l'est aussi pour les baux à périodes (trois, six ou neuf ans). Dans ces deux modes, la location étant présumée avoir été consentie pour ne durer que jusqu'au jour où l'une des parties manifestera l'intention de la faire cesser, le congé n'est autre chose que la manifestation de cette volonté.

Le congé n'est soumis à aucune forme spéciale ; peu importe qu'il soit donné verbalement ou par écrit, par acte sous seing privé ou devant notaires, par lettre ou par ministère d'huissier.

Tout acte (*actum*), tout fait duquel il résulte, implicitement ou explicitement, que l'une des parties veut résoudre la location, *en temps utile*, et que l'autre en a connaissance, est un congé.

1° *Congé verbal.*

Le congé donné verbalement, pourvu que son existence ne soit pas contestée, équivaut à un congé signifié. (Nancy, 7 août 1834.)

Mais comme la preuve par témoins, même avec un commencement de preuve par écrit, n'est pas admise (C. c., 1715 ; Cassat., 18 novembre 1861), la simple prudence veut que le congé soit toujours écrit.

2° *Congé sous seing privé.*

Le congé par acte sous seing privé, bien que contenant dation et acceptation, n'a pas besoin, par exception aux actes synallagmatiques de cette forme, d'être rédigé en double original (Troplong, n° 425 ; Curasson, *loc. cit.*), parce qu'il n'est, en somme, l'émanation de la volonté que d'une seule partie.

Le moyen amiable le plus simple est de donner et recevoir congé par la quittance de loyer du terme qui précède le délai de congé, pourvu qu'alors : on paie ce loyer, au plus tard, la veille du jour du délai de congé (23 décembre, ou 23 mars, ou 22 juillet, avant midi), et pourvu encore que la quittance et le congé ne forment qu'un seul et même contexte, et soient sur timbre, parce que si l'enregistrement du congé devenait nécessaire, il y aurait :

Amende pour acte sur papier libre ;

Amende pour deux actes écrits sur la même feuille. (Garnier, *Dict. enreg.*, n° 563.)

Ce congé ne peut pas, non plus, être écrit sur la même feuille de timbre que le bail, à peine d'amende. (Garnier, n° 522.)

Ces amendes sont de chacune 62 fr. 50.

Rappelons aussi qu'une quittance, bien qu'écrite sur papier timbré, n'est pas moins passible du timbre spécial de 10 centimes. (Garnier, n° 572.)

3° *Congé par lettres.*

Le congé peut être donné par lettre missive, pourvu que l'accusé de réception parvienne au plus tard la veille du terme, avant midi, pour qu'à son défaut on puisse encore avoir recours au ministère d'un huissier.

4° Congé devant notaires.

Le mode de donner congé par acte notarié n'est guère employé que par des parties *d'accord*, dont l'une ou toutes deux ne savent signer.

5° Congé par huissier.

Le congé par huissier doit être signifié à personne ou à domicile, lors même que ce domicile n'est pas au lieu dont on veut faire cesser la location.

VIII. — FRAIS DE CONGÉ.

Un congé sous-seing privé, non enregistré, coûte les 60 centimes de la feuille de timbre.

L'enregistrement est de 3 fr. 75.

Le congé devant notaire ou par huissier coûte environ 8 fr.

Les frais de congé sont, en principe, à la charge de celui qui le donne, à moins qu'il ne justifie avoir fait tous ses efforts pour le faire accepter à l'amiable ; mais les frais de cette justification pourraient être plus élevés que ceux du congé.

Toutefois, ces frais doivent être supportés par le locataire, s'il est signifié par le propriétaire après un commandement de payer les termes de loyer échus.

IX. — CONGÉS EN BLANC.

Il y a, paraît-il, des propriétaires extrêmement prévoyants qui font signer, en louant, une acceptation de

congé *en blanc,* en sorte que, certain jour, au moment
où il y pense le moins, le locataire se voit obligé de
déménager « en vertu de sa signature elle-même. »

Avis aux naïfs qui signent volontiers des petits papiers
soi-disant sans importance !

X. — ÉCRITEAUX. — VISITE DES LIEUX.

Le locataire est obligé de laisser visiter les lieux pendant le délai de congé et de souffrir un écriteau à la
porte ou à la fenêtre.

Pour les maisons bourgeoises, les appartements et les
chambres, l'usage, d'accord avec les convenances, est
que ces visites ne se fassent que les jours non fériés, de
une heure à cinq heures du soir.

Pour les boutiques, ces visites peuvent se faire pendant tout le temps qu'elles restent ouvertes au public.

Le locataire n'est pas obligé d'accompagner lui-même
les visiteurs, mais il est convenable, et parfois prudent,
de les faire accompagner par un domestique.

Le locataire n'est pas obligé, non plus, de faire
un éloge exagéré des locaux ; mais il s'expose à des
dommages-intérêts s'il les décrie de manière à empêcher
la location.

Le nouveau locataire peut venir, quelque temps avant
son entrée, prendre ses mesures pour ses meubles,
rideaux, tapis. (Président de la Seine, 5 mai 1877.)

Si le locataire est absent, il doit remettre les clés à
des personnes voisines pour laisser visiter, et l'écriteau
peut indiquer l'adresse de ces dépositaires.

XI. — TERMES ET LIEUX DU PAIEMENT DU LOYER.

Sauf conventions contraires :

1° Les loyers, suivant nos usages d'Orléans, se paient : pour les fermes et métairies, par année, à la Toussaint ; et pour les maisons, appartements et chambres, par termes de six mois chacun, à la Saint-Jean (24 juin) et à Noël (25 décembre). (Pothier, n° 135, t. IV.)

2° Le paiement a lieu au domicile du débiteur. (C. c., 1247.)

3° Le loyer en retard ne produit intérêt que du jour de la demande en justice. (C. c., 1155 ; Pothier, t. IV, n° 138.)

4° Le paiement n'est valable que s'il est fait au locateur ayant qualité et capacité pour recevoir.

Voir *infrà : Privilége et prescription.*

XII. — REFUS D'OBTEMPÉRER AU CONGÉ.

Celui qui a reçu congé peut opposer une résistance d'un double caractère : une résistance juridique, en contestant la validité du congé ; une résistance de fait, en refusant de quitter les lieux ou en empêchant le déménagement.

Nous n'examinerons pas toutes les difficultés que des esprits processifs aiment à imaginer ; nous nous contenterons d'indiquer deux procédures trop longues, trop coûteuses, mais correctes.

1° Un congé est signifié par le propriétaire, et le locataire refuse d'y obéir.

Le propriétaire assigne le locataire devant le juge de paix du canton, s'il s'agit d'une location annuelle d'au plus 400 fr., et devant le tribunal civil du lieu, s'il s'agit d'une location supérieure à 400 fr. (Lois, 25 mai 1838 et 2 mai 1855.)

Le jugement qui intervient valide le congé, ordonne l'expulsion, est signifié au locataire avec commandement « de vider les lieux. »

Le locataire résiste encore ; le propriétaire le fait expulser par un huissier assisté d'un agent de la force publique.

2° Le congé est régulièrement donné et accepté.

Si l'une des parties refuse de tenir sa promesse, l'adversaire assigne en référé devant le juge de la situation qui, sur le vu de l'acceptation de congé, ordonne qu'elle sera exécutée. (Bioche, n° 49.)

Si c'est le propriétaire qui empêche le déménagement, le juge ordonne de laisser sortir le locataire avec ses meubles.

Si c'est le locataire, il ordonne son expulsion et permet, en cas de refus d'ouverture des portes, de les faire ouvrir par un serrurier, en présence d'un agent de la force publique. Les portes ouvertes, l'huissier fait commandement au locataire d'exécuter l'ordonnance. S'il refuse, ses meubles sont mis de force « sur le carreau. » (Pigeau, t. II, p. 445.)

Chacune de ces procédures coûte environ 80 fr.

D'anciennes coutumes autorisaient un moyen plus expéditif et plus économique.

Le locataire refusant de quitter, le propriétaire se contentait de requérir un huissier et de faire : enlever les portes, les fenêtres et boucher les cheminées.

Le propriétaire se fondait, en droit, sur ce que, la location terminée, il n'était plus obligé de tenir son locataire clos et couvert, et qu'enfin il reprenait la disposition de son immeuble dont il pouvait faire ce que bon lui semblait. (Coutumes d'Aurillac et de Troyes ; voir même coutume d'Écosse dans Walter Scott, *Guy Mannering*, et Nancy, 7 août 1854.)

Nous n'oserions pas répondre que les tribunaux d'Orléans homologueraient le procédé.

Ajoutons que les demandes en validité de congé sont dispensées du préliminaire de conciliation.

XIII. — LOCATAIRE INSOLVABLE. — DÉCÈS.

Le locataire qui ne garnit pas la maison de meubles suffisants peut être expulsé, à moins qu'il ne donne des sûretés capables de répondre du loyer. (C. c., 1752.)

Sans examiner toutes les procédures que peut employer un propriétaire pour se débarrasser d'un locataire *notoirement* insolvable, nous nous bornerons à conseiller les moyens suivants :

1° Le locataire ne paie pas son loyer, et le propriétaire sait que le mobilier est insuffisant pour le couvrir de sa créance.

Nous conseillerons :

De suivre la procédure de saisie-gagerie, dont le procès-verbal constatera l'insuffisance évidente du mobilier ;

l'huissier introduira un référé sur ce procès-verbal même et obtiendra, dans les vingt-quatre heures, une ordonnance d'expulsion. (Frais, 50 à 60 fr.)

2° Le locataire meurt laissant une succession vacante et mauvaise.

La procédure *régulière* serait pour le propriétaire de :

Faire apposer les scellés à sa requête ;

Faire représenter les héritiers absents (qui ne se présentent pas) par un curateur ;

Faire lever les scellés, faire inventaire, faire vendre après saisie. (Frais, 200 fr.)

Mais que de longueurs, que de frais qui restent le plus souvent à la charge du propriétaire ! Aussi, dans la plupart des cas, croyons-nous que le propriétaire pourrait se contenter de faire ceci :

Choisir deux personnes *parfaitement honorables ;* faire un inventaire du mobilier en double original, sur timbre ; en déposer un au juge de paix du canton, en lui indiquant que le peu d'importance du mobilier n'autorise aucuns frais ; faire laver le linge qui en a besoin ; remiser meubles, linge et tout ce qui garnit les lieux dans un endroit convenable, à la disposition des ayant droit quand ils se présenteront, et disposer des lieux, en attendant, par une nouvelle location. (Frais, 5 fr.)

Les droits de tous sont ainsi, sinon en droit, du moins en fait, respectés, et nous ne pensons pas que ni les héritiers, ni les créanciers puissent se plaindre que de gros frais aient été évités.

XIV. — TACITE RECONDUCTION.

1° *Comment elle a lieu.*

« Si, à l'expiration des baux écrits, porte l'article 1748 du Code civil, le preneur reste et est laissé en possession, il s'opère un nouveau bail dont l'effet est réglé par l'article relatif aux locations non écrites. »

La loi dit : « à l'expiration des baux écrits. » Par conséquent les règles de la tacite reconduction ne s'appliquent pas aux locations verbales. On remarquera, d'ailleurs, qu'à l'expiration d'une année, dans une location verbale, la *même* location continue une seconde ou troisième année, mais il n'y a pas nouveau bail.

La tacite reconduction peut être définie :

« La convention, présumée, sous-entendue, d'après laquelle le propriétaire et son locataire ont fait, pour les mêmes lieux et après l'échéance d'une durée prévue, un nouveau bail qui est verbal. »

L'article 420 de la coutume d'Orléans dit que « la tacite reconduction résulte d'une jouissance de *huit* jours, postérieurement à l'expiration du premier bail, sans denonciation de vider les lieux. »

Cette disposition, en présence du silence du Code, peut être considérée comme acceptée par nos tribunaux, en raison des recommandations générales contenues aux articles 1135, 1159 et 1175 du Code civil.

Il est à peine besoin de dire qu'un simple délai de

faveur, une tolérance, pourvu que sa nature soit établie (lettre ou écrit), n'entraînerait pas la tacite reconduction.

La tacite reconduction n'est fondée que sur une présomption ; donc cette présomption peut être détruite par la preuve contraire. L'article 1739 du Code civil en cite un exemple :

« Lorsqu'il y a congé signifié, le preneur, quoiqu'il ait continué sa jouissance, ne peut invoquer la tacite reconduction. »

Au lieu de congé signifié, s'il y a congé *accepté*, la règle est la même.

L'effet du congé donné, au cas où les parties désireraient, après coup, continuer la location, ne peut être détruit que par une convention *écrite*. (Amiens, 17 janvier 1822 ; Dalloz, *Louage,* 838.)

2° *Ses conséquences.*

Du principe de la loi que la tacite reconduction opère un nouveau bail, nous déduisons :

1° Que l'ancien bail n'existe plus ;

2° Que la durée de la nouvelle location n'est plus la même que celle du bail originaire ;

3° Que cette nouvelle durée est fixée par l'usage local ;

4° Qu'après congé donné pour un bail comprenant plusieurs périodes (trois, six, neuf ans), après l'expiration de l'une des deux premières périodes, si le locataire continue à occuper les lieux (abstraction faite de l'effet de l'article 1739 précité), il y a tacite reconduction, non par les stipulations de l'ancien bail, qui renaîtrait ainsi comme s'il n'y avait pas eu congé, mais bien par l'usage applicable aux locations verbales (Paris, 5 avril 1850) ;

5° Que de plusieurs preneurs, lorsqu'un seul reste en possession après l'expiration du bail écrit, la tacite reconduction qui s'opère vis-à-vis de ce preneur ne s'étend pas à ses co-obligés (Bruxelles, 16 avril 1819) ;

6° Que la caution du locataire est déchargée s'il s'opère tacite reconduction vis-à-vis de ce locataire (C. c., 1740, 2015) ;

7° Que les garanties hypothécaires ou autres, données par le locataire ou par des tiers en garantie de l'exécution du bail, ne militent plus au profit du propriétaire pour sûreté des obligations du nouveau bail (Pothier, n°s 364, 367 ; Delvincourt, Duvergier, Troplong, Vandoré, Marcadé) ;

8° Que l'obligation solidaire de la femme, pour le paiement du loyer d'un bail consenti aux deux époux, ne s'applique pas à la prolongation du bail opérée par tacite reconduction ; cette prolongation est réputée le fait exclusif du mari (Caen, 21 mars 1859) ;

9° Que le nouveau bail ainsi opéré par tacite reconduction n'est valable qu'autant que les parties étaient *capables* de contracter au jour où la tacite reconduction s'est formée (Pothier, n° 345 ; Duranton, t. XVII, n° 171 ; Troplong, n° 455) ;

Enfin, la location opérée par tacite reconduction est réputée faite aux mêmes conditions que l'ancien bail quant au prix et aux obligations respectives des parties (C. c., 1759), mais non quant à la durée et à toutes clauses de résiliation anticipée.

XV. — ÉTAT DE LIEUX.

L'article 1731 du Code civil porte :

> « S'il n'a pas été fait d'état de lieux, le preneur est présumé les avoir reçus en bon état de réparations locatives, et doit les rendre tels, sauf la preuve contraire. »

Cette preuve contraire peut être faite par témoins, à quelque somme que s'élève l'objet du litige. (Rennes, 29 août 1819 et 2 mars 1821.)

L'état de lieux est la description des locaux ; mais souvent on se contente de noter les objets détériorés. Cette pratique est mauvaise, suivant nous. Pour éviter les changements de distribution, les enlèvements de cloisons, cheminées, glaces, boiseries, serrures, etc., non seulement l'état de lieux doit être la *photographie* des locaux, mais il doit encore contenir le détail estimatif de tous les objets qui peuvent facilement être déplacés, de façon à ce qu'il n'y ait aucune contestation à la sortie du locataire.

L'état de lieux doit être en double original, signé des deux parties, alors même qu'il serait fait par un tiers, un architecte par exemple. Il doit être sur timbre.

Il doit également être enregistré pour avoir date certaine. (C. c., 1328.)

Le coût de l'enregistrement est de 3 fr. 75. (Loi du 22 février 1872, art. 4.)

En raison de la présomption établie par l'article 1731 du Code civil, l'état de lieux ne profite qu'au locataire et doit être à ses frais. Dans l'usage, cependant, quand chacune des parties amène son architecte, le propriétaire paie les honoraires du sien.

XVI. — RÉPARATIONS LOCATIVES.

1o *Présomption de la loi.*

L'obligation de payer le loyer a pour cause l'obligation contractée par le bailleur de procurer au preneur la jouissance libre et complète de la chose, suivant sa destination. (C. c., 1719.)

La contradiction entre les articles 1719 et 1754 du Code civil n'est qu'apparente. (C. c., 1720.)

La loi part de cette donnée :

Le locataire, soit par lui-même, soit par les gens à son service ou les personnes qui viennent chez lui et dont il est responsable, est, ordinairement, l'auteur imprudent ou même inconscient de certaines détériorations qui rendent nécessaires des réparations.

Sur le fondement de cette faute *présumée*, la loi met ces réparations à la charge du locataire ; mais il est évident que si le locataire établit que les dégradations proviennent de la vétusté, de l'usure, d'un cas fortuit, d'un vice de construction ou de toute autre cause dont il lui a été impossible de paralyser l'effet, elles ne sont plus à sa charge. (C. c., 1755.)

2o *Texte du Code.*

Ces réparations locatives sont, dit le Code, désignées par l'usage des lieux, et l'article 1754 ne fait que donner des exemples généraux ; ce sont les réparations à faire :

Aux âtres, contre-cœurs, chambranles et tablettes des cheminées ;

Au recrépiment du bas des murailles des appartements et autres lieux d'habitation, à la hauteur d'un mètre ;

Aux pavés et carreaux des chambres, lorsqu'il y en a seulement quelques-uns de cassés ;

Aux vitres, à moins qu'elles ne soient cassées par la grêle ou autres accidents de force majeure ;

Aux portes, croisées, planches de cloisons ou de fermeture de boutiques, gonds, targettes et serrures.

3° *Additions de Pothier.*

Pothier ajoute dans sa coutume d'Orléans :

Que les pavés et carreaux cassés ou ébranlés dans les grandes cours et écuries sont exceptés de la charge du locataire, parce que : ces cours étant destinées à supporter des chariots, des charrettes et autres choses de grand poids, les écuries étant destinées à recevoir des chevaux qui battent du pied, on ne doit pas en attribuer la faute au locataire, mais au paveur qui a employé des pavés trop minces ou qui a trop épargné le ciment.

Pothier met encore à la charge du locataire :

Le lavage des vitres ;

Le ramonage des cheminées ;

L'entretien du jardin loué avec la maison par les allées sablées, les arbres taillés, le terrain fumé.

A l'égard des vases et pots de fleurs qui ornent les jardins, et des bancs que le propriétaire y a laissés, on distingue :

Les vases de faïence, de fonte ou de fer, les caisses

de bois ou bancs de bois, lorsqu'ils sont cassés ou dégradés autrement que par vétusté, le locataire doit les réparer ou remplacer.

Les vases de marbre, pierre ou terre cuite, aussi bien que les bancs de pierre, leur dégradation pouvant venir de l'intempérie de l'air, doivent être réparés ou remplacés par le propriétaire, à moins qu'il ne prouve qu'ils ont été brisés par violence.

4° Additions de la jurisprudence.

A cette nomenclature, la jurisprudence a ajouté les réparations à faire :

Aux parquets, marches et contre-marches d'escaliers, quand il n'y a qu'un locataire ;

Aux contre-vents, volets, et à toute espèce de fermeture ; aux chambranles des portes, aux embrasures des portes et des croisées, aux lambris d'appui et à hauteur de plancher, à toutes les menuiseries d'une maison (Duvergier, t. IV, p. 56) ;

Aux portes, par le renouvellement du panneau entier et le raccord de peinture, si le locataire y a fait percer une chatière, une entrée de boîte aux lettres, ou placer une seconde serrure.

« Les trous dans les murs et les plafonds pour accrocher les tableaux, fixer des glaces, des patères, des tringles, des couronnes de lit, ne sont que la conséquence de la destination des lieux, pourvu que cette destination soit respectée, et que le locataire n'endommage pas les plâtres, moulures ou tapisseries, en arrachant les clous. » (Troplong, n° 567 ; Duvergier, loc. cit.)

Aux tringles de fer des croisées, poulies, balcons et grilles auxquelles il manque quelque enroulement; aux barreaux, aux treillis en fil de fer ou de laiton (Duvergier et Troplong, *loc. cit.*);

Aux sculptures, dessins de portes ou autres tableaux, aux bordures et autres ornements qui existent dans les appartements;

Aux pierres d'évier cassées ou écornées;

Aux grilles du tuyau d'évier, et à ce tuyau lui-même si la grille a été enlevée;

Aux pompes à eau, par l'entretien et la réparation du piston, des tringles et du balancier;

Aux grilles des égouts si elles sont rompues; l'engorgement des tuyaux d'eaux pluviales et ménagères est à la charge du locataire s'il y a une grille en bon état à chaque tuyau;

A l'aire et la voûte intérieure des fours, en un mot à tout ce qui est soumis à l'action directe du feu.

    « Les murs, la cheminée et la voûte inférieure sont à la charge du propriétaire. »

Aux planchers qui reçoivent les cendres des réchauds, à celui qui est au-dessus des fourneaux, et aux grilles des fourneaux lorsqu'elles sont brûlées.

    « Les murs, voûtes et planchers des fourneaux sont à la charge du propriétaire. »

Aux poulies et cordes des puits non usées;

Aux tuyaux de concessions d'eau, aux jets d'eau et bassins, et à tout ce qui est dégradé par des fuites d'eau occasionnées par la rupture des tuyaux sous l'action de la gelée, mais seulement si le système de conduite d'eau est muni de robinets de décharge qui permettent au locataire de prévenir l'effet du froid ;

Aux mangeoires des chevaux, trouées ou rongées, ainsi qu'aux râteliers, piliers et barres de box ;

Aux bornes ou tourne-roues brisées ou écornées ;

Aux portes dégradées par les moyeux de voitures, mais seulement s'il y a des bornes ou tourne-roues ;

Aux treillages, berceaux des jardins, s'ils sont rompus par violence ;

Aux tapis des escaliers et des appartements, s'ils sont déchirés ou brûlés.

Le tout sauf l'effet de la preuve contraire ou de conventions particulières.

5° *État de la maison à la sortie.*

Le locataire doit toujours rendre la maison ou l'appartement en parfait état de propreté ; les pièces doivent être balayées, époussetées ; les parquets des appartements bourgeois, encaustiqués ; les cendres des cheminées et fourneaux, les bouteilles vides ou cassées dans les caves, toutes les ordures enfin doivent être enlevées ; les cheminées nouvellement ramonées ; les taches d'encre, de graisse, d'huile sur les parquets, tapis, boiseries, papiers, doivent avoir disparu ; les tapis doivent être battus, brossés et reprisés, s'ils ont des accrocs.

6° *Punaises.*

L'existence de punaises dans un appartement n'est pas une dégradation apparente dont le locataire doive

répondre, par cela seul qu'il ne l'aurait pas fait constater au moment de son entrée en jouissance ; c'est au
propriétaire qui se plaint que les lieux loués ont été
rendus, à la fin du bail, infectés de punaises à
prouver que cet état de choses provient du fait du locataire. (Caen, 25 février 1871.)

7º Changements de destination.

Le locataire répond également de tout dégât causé
par un changement de destination qu'il aurait fait pendant le bail, tel que : antichambre ou chambre convertie
en cuisine ; bains pris dans des chambres à coucher ;
chambre convertie en laboratoire de chimie ou d'autres
expériences ; chambre ou galerie aménagée en galerie
de tableaux ou de collections, etc.

8º Prix des réparations.

Les réparations locatives peuvent être évaluées en
argent et payées par le locataire au propriétaire. Tout
dommage se traduisant par une indemnité (C. c., 1382),
le locataire peut, sans se charger de faire les réparations
locatives, en offrir le prix au propriétaire.

9º Plusieurs locataires.

Lorsque la même maison est habitée par plusieurs
locataires, l'entretien de l'escalier (rampe, marches),
du tapis d'escalier, des cours, corridors, greniers,
pompes, et généralement de tout ce qui sert à l'usage
commun, est à la charge du propriétaire. Il en est de

même des charges dites de ville et de police, telles que balayage des trottoirs, arrosage des devants de portes ; elles ne sont dues par le propriétaire que s'il y a plusieurs locataires.

10° *Sous-locataires.*

Lorsque le locataire principal a sous-loué tout ou partie de la maison ou de l'appartement, il reste responsable envers le propriétaire pour toutes les réparations locatives ; mais les sous-locataires sont responsables envers lui pour tout ce qui est à leur charge, comme ils le seraient envers le propriétaire lui-même, s'ils tenaient de lui directement. Quant aux objets communs entre les sous-locataires, ils restent, pour les réparations locatives, à la charge du locataire principal, sans répétition possible contre les sous-locataires. (Voir Lepage, *L. des bâtiments*, part. 2, p. 269 ; Duvergier, t. IV, n° 25.)

11° *Quand les réparations locatives sont dues.*

Les réparations locatives ne se font, généralement, qu'à l'expiration de la location. Cependant, le locataire peut être contraint de les faire pendant le bail si elles présentent un caractère urgent.

12° *Compétence.*

La loi du 25 mai 1838, art. 5, dit que les juges de paix connaissent sans appel jusqu'à la valeur de 100 fr., et, à charge d'appel, à quelque valeur que la demande puisse s'élever, des réparations locatives mises à la charge du locataire.

13° *Enseignes.*

Le locataire d'une maison ou d'un appartement est réputé avoir loué la façade extérieure de la maison, dans la partie qui correspond à sa location, depuis le niveau du plancher jusqu'au plafond ; il peut donc y mettre l'enseigne de sa profession. Il est d'usage, cependant, que l'enseigne puisse être posée, sous forme de plaque étroite, gravée ou peinte, sur le côté de la porte d'entrée principale.

XVII. — PORTES ET FENÊTRES.

L'impôt des portes et fenêtres est, à défaut de conventions contraires, à la charge du locataire (loi du 4 frimaire an VII, art. 12) ; il en doit le remboursement au propriétaire par mêmes fractions et aux mêmes époques que son loyer.

Il est admis que si, dans une location verbale, le propriétaire reçoit plusieurs termes sans exiger le remboursement des portes et fenêtres, il y a manifeste présomption que le propriétaire est convenu de les prendre à sa charge (Duvergier, t. III, p. 349) ; il en est de même si le bail ne fait *aucune* mention de ces impôts.

XVIII. — GROSSES RÉPARATIONS.

Le propriétaire devant fournir au locataire des locaux qui *suffisent* à leur destination (C. c., 1719 et 1720), est obligé de faire immédiatement toutes les réparations à sa charge, pour que la jouissance du locataire ne soit ni troublée ni restreinte.

Il doit :

« Tenir constamment les lieux clos et couverts ;

« Réparer et remplacer tout ce que l'usure ou la vétusté a dégradé ou détruit ;

« Faire curer les puits et vider les fosses d'aisances. » (C. c., 1756.)

Le locataire doit souffrir faire ces travaux, quelque gêne ou incommodité qu'il en éprouve, pendant au plus quarante jours. Passé ce délai, il a droit à une indemnité et même, dans certains cas, à la résiliation du bail. (C. c., 1724.)

L'impôt foncier est à la charge du propriétaire.

XIX. — PRIVILÉGE DU PROPRIÉTAIRE. — PRESCRIPTION.

Le propriétaire a, pour la garantie du paiement du loyer, un privilége sur *tous* les meubles garnissant les lieux loués, savoir :

Pour tout ce qui est échu ou à écheoir si le bail a date certaine (devant notaire ou enregistré) ;

Pour une année à partir de l'expiration de l'année courante si le bail n'est pas enregistré.

Ce même privilége a lieu pour les réparations locatives et tout ce qui concerne l'exécution du bail. (C. c., 2102, 1°.)

Les loyers se prescrivent par cinq ans. (C. c., 2277.)

XX. — SOUS-LOCATION.

Le locataire a le droit de sous-louer ou de céder son bail, si cette faculté ne lui a pas été interdite ; elle peut être interdite pour tout ou partie ; cette clause est toujours de rigueur, dit l'article 1717 ; donc, pas de questions pour les baux non rédigés par écrit.

Disons seulement que le privilége du propriétaire en cas de sous-location ne s'exerce que sur le prix dont le sous-locataire est débiteur au moment de la saisie, sans qu'il puisse opposer des paiements anticipés qui, du reste, à Orléans, ne sont pas dans les usages. (C. c., 1753.)

XXI. — INCENDIE.

Les art. 1733 et 1734 du Code civil prévoient les responsabilités des locataires en cas d'incendie. Nous y renvoyons purement et simplement, cette législation devant être, en partie, modifiée prochainement.

XXII. — LOCATIONS MEUBLÉES.

L'article 1758 du Code civil reproduit les mêmes dispositions que le n° 30, t. IV, de Pothier :

Le bail d'un appartement, d'une maison, d'une chambre, meublés, est censé fait à l'année, au semestre, au trimestre, à la saison, au mois, à la semaine, au jour, quand il a eu lieu à *tant* par année, par semestre, par trimestre, par saison, par mois, par semaine, par jour.

Par saison, nous n'avons, à Orléans, que l'été pour les maisons de campagne (de mai à octobre), et les vacances (d'août à octobre).

Généralement on ne tient pas compte, dans ces locations meublées, des termes d'usage ; l'entrée en jouissance sert de point de départ ; la durée étant convenue, le congé est inutile.

Pour les chambres meublées, louées au mois, le délai de congé est d'au moins *huit jours* francs avant la fin du mois ; ce congé, donné avant les huit derniers jours du mois (dont le premier jour est celui de l'entrée en jouissance), n'a d'effet que pour la fin de ce mois.

XXIII. — TIMBRE ET ENREGISTREMENT.

1° *Baux par écrit.*

Tous les baux, les engagements de locations, les cessions, transports de baux ou sous-baux, les résiliations ou réductions de baux, rédigés par écrit, doivent être écrits sur le papier vendu par la régie, et non sur papier libre, imprimé ou non, même avec apposition de timbres mobiles, à peine d'amende.

On ne peut, sans amende, écrire à la suite ou en marge d'un bail, sur la même feuille, ni prorogation, ni nouveau bail, ni modification de bail.

Tous baux, et généralement tous actes translatifs ou rétrocessifs de jouissance d'immeubles, doivent être enregistrés dans les trois mois de leur date, de l'entrée en jouissance ou de la cessation de jouissance (si ces faits sont antérieurs à la date des actes), à peine d'une amende non inférieure à 50 fr., soit 62 fr. 50 avec les décimes. (Loi du 22 frimaire an VII.)

Les résiliations de baux sont considérées par la Régie comme des *rétrocessions* au profit du locateur, et comme telles assujetties à l'enregistrement dans les trois mois de leur date.

Cette amende est due par le bailleur et par le locataire, *individuellement* et sans recours, quelles que soient les stipulations du bail à cet égard.

Le bailleur peut s'affranchir de l'amende qui lui est personnellement infligée, ainsi que du versement immédiat du droit simple, en déposant dans un bureau d'enregistrement l'acte constatant la location, sous-location, rétrocession, modification, résiliation, ou en déclarant la location, pourvu qu'il prenne cette précaution au plus tard dans le mois qui suit l'expiration des délais légaux d'enregistrement. (Loi du 23 août 1871.)

2º *Locations non écrites.*

Lorsque les conventions entre bailleurs et preneurs ne sont pas rédigées par écrit, le bailleur est tenu de faire la déclaration de la location au bureau de l'enregistrement de la situation de l'immeuble, dans les trois mois de l'entrée en jouissance du locataire, sous peine d'une amende non inférieure à 62 fr. 50.

Si la location est à l'année, pour six mois ou trois mois, la déclaration doit être renouvelée par le bailleur, et les droits doivent être payés dans les vingt jours de l'expiration de cette période (même amende).

Au cas d'un bail de plus de trois ans, on peut ne requérir l'enregistrement que pour trois ans ; mais, à défaut de nouvel enregistrement dans le *mois* de l'expiration de ces trois ans, l'amende est encourue.

3º *Locations de 100 fr.*

Les locations de 100 fr. l'an et au-dessous sont dispensées d'enregistrement, mais seulement si le bailleur n'a pas un revenu immobilier supérieur à 100 fr. dans la circonscription du même bureau d'enregistrement.

Terminons en rappelant :

Que les droits d'enregistrement sont à la charge du locataire, à défaut de conventions contraires ;

Que ces droits sont de 25 centimes pour 100 (décimes compris) sur le prix des années cumulées du bail ;

Et que les receveurs d'enregistrement délivrent gratuitement les feuilles imprimées pour les déclarations de locations.

DEUXIÈME PARTIE

LOUAGE DE DOMESTIQUES, JARDINIERS, VIGNERONS, ETC.

I. — DÉFINITIONS.

La dénomination de « gens de travail qui s'engagent au service de quelqu'un » est employée par l'article 2279, 1°, du Code civil dans un sens général et collectif; elle s'applique à tous ceux, quels qu'ils soient, qui louent leurs services moyennant salaire, et désigne les domestiques et ouvriers.

Sous le nom de *domestiques,* on comprend seulement les serviteurs à gages qui donnent leurs soins à la personne ou au ménage du maître, ou qui, l'aidant dans ses travaux agricoles, logent et vivent dans la maison.

Le jardinier, le vigneron, loués à tant par an, sont des domestiques à gages.

Les ouvriers proprement dits sont ceux qui concourent, sous la direction d'un maître ou patron, à l'exercice d'une profession manuelle, d'un art mécanique.

Nous ne nous occuperons que des domestiques.

II. — FORMES DU CONTRAT DE LOUAGE.

Le louage de services se forme ordinairement d'une manière verbale; mais pour que la convention soit regardée comme parfaite, il est d'usage qu'il faille que le domestique ait reçu des arrhes; autrement il est fondé à dire (le maître a la même faculté) que l'engagement projeté n'était que provisoire ou conditionnel.

Les arrhes données, chacune des parties a vingt-quatre heures pour se dédire; si c'est le maître qui se dédit, le domestique peut conserver les arrhes; si c'est le domestique, il doit rendre le double. (C. c., 1590.)

La preuve de louage verbal de services peut être faite par témoins, pourvu que l'objet du contrat ne soit pas supérieur à 150 fr. Pour savoir si l'objet est supérieur à 150 fr., on calcule à quelle somme s'élève le prix de louage, pendant sa durée; cette durée, sauf les cas particuliers, est présumée d'une année.

Nous ne saurions encore trop recommander de faire toujours, *pour tous les louages à l'année,* un écrit relatant clairement et complètement les conventions.

III. — DURÉE DE L'ENGAGEMENT.

L'article 1780 du Code civil prohibe l'engagement illimité des services qui, comme ceux des domestiques, absorbent la liberté du contractant et le mettent dans un état continuel de dépendance et de sujétion.

Ainsi, est nulle la convention par laquelle une personne s'engagerait à rester domestique ou à travailler chez le même maître tant qu'elle vivra, ou tant que le maître vivra, ou encore pendant un temps tel, qu'eu égard à l'âge des parties, sa fixation ne soit, évidemment, qu'un engagement illimité. Exemple : est nulle la convention que ferait un domestique âgé de cinquante ans de rester chez le même maître cinquante autres années.

La loi veut que la liberté reste inaliénable.

On voit encore, dans notre contrée, des domestiques qui servent les mêmes maîtres depuis vingt-cinq, trente, quarante ans ; des domestiques qui, de père en fils, sont en services dans la même maison depuis un siècle. Ceux-là ne se soucient guère de l'article 1780 ; leur dévoûment est illimité et héréditaire. Ils sont comme de la famille, et la seule liberté qu'ils considèrent comme inaliénable est celle de continuer leurs services. Malheureusement, ces exemples deviennent de plus en plus rares ; on change aujourd'hui de domestiques presque aussi souvent que de *convictions* politiques. De qui vient la faute? Des deux côtés probablement! Il est certain que, du train dont vont les choses, d'ici dix ans nous cirerons nos bottes nous-mêmes ; elles seront peut-être mieux cirées, mais ce sera bien ennuyeux! En attendant, vous dont on cire encore les bottes, mes frères, méditez ceci :

Du maître, quel qu'il soit, peu, beaucoup ou zéro,
Le valet fut toujours ou le singe ou l'écho.

(PIRON.)

« Regardez vos domestiques comme des amis malheureux. » (Mably.)

« Aux vertus qu'on exige dans un domestique, Votre Excellence connaît-elle beaucoup de maîtres dignes d'être valets ? » (Beaumarchais.)

L'usage des lieux détermine la durée de l'engagement; or, nos usages sont les suivants :

COUTUME D'ORLÉANS

Premièrement. — *En ville.*

1° Congé.

Les domestiques, valets, laquais, cochers, sont présumés loués au mois; ils peuvent quitter leurs maîtres ou être renvoyés à quelque époque que ce soit en donnant ou recevant congé dans le délai de *huit* jours pleins, soit du lundi midi pour le lundi suivant midi.

Si c'est le maître qui donne congé, il peut renvoyer de suite son domestique en lui payant la valeur de ses huit jours, sans rien ajouter pour la nourriture, le logement et le blanchissage.

Si c'est le domestique qui donne congé sans vouloir faire ses huit jours, le maître peut en retenir la valeur sur ses gages.

Le tout à moins que le congé ne soit nécessité par un motif très-sérieux, par exemple :

Le maître congédie le domestique pour injures, refus de faire son service ou vol; le domestique ne peut réclamer ses huit jours.

Le domestique quitte pour cause de voies de fait ou attentats imputables aux maîtres; les huit jours lui sont

dus en argent, sans préjudice de tous dommages-intérêts, s'il y a lieu.

Dans l'expression vol, nous n'hésitons pas à com-
prendre l'*anse du panier ;* le *sou pour franc* donné par
quelques fournisseurs ne constitue pas un acte déloyal
imputable au domestique. C'est au maître, s'il veut se
soustraire à cet impôt, à imposer des fournisseurs moins
habiles en réclame, à moins qu'il soit bien sûr que c'est sur
son *seul bénéfice* que le marchand fait cette remise au
domestique.

Le congé, indispensable pour que chacune des parties
puisse se pourvoir, est toujours verbal, et en pratique est
bien rarement contesté.

2° Gages.

Les gages doivent être payés à mois échus. A
Orléans, beaucoup de maîtres ne paient les gages
qu'à la fin de l'année, en donnant des acomptes
suivant les demandes. C'est une fâcheuse habitude,
car le domestique doit s'entretenir ; il le fait avec plus
ou moins de luxe ; il s'achète des vêtements ou du linge
plus ou moins chers. C'est son affaire ; il est gêné d'en
rendre compte. Il a des parents pauvres auxquels il
veut envoyer quelque argent ; il lui est pénible de l'avouer
ou de subir des observations. Il veut placer de l'argent
à la caisse d'épargne ; il peut bénéficier d'intérêts plus
élevés ; enfin ce qu'il a gagné lui appartient. Il peut se
trouver encore que certaines natures, pour satisfaire des
fantaisies de coquetterie ou autres, ne pouvant les avouer
en réitérant les demandes d'acomptes, ne soient amenées
à se créer des ressources à l'aide de l'anse du panier.

3° Profits.

Les arrhes sont considérées comme *denier à Dieu* et ne s'imputent pas sur les gages, non plus que les gratifications données aux domestiques, telles que : étrennes, valeur de vieux vêtements, chiffons, peaux d'animaux comestibles, os, suifs, graisses, etc., qui constituent les *profits* des domestiques.

4° Livrée. — Deuil.

Le maître a le droit de retenir la livrée, mais non les vêtements de deuil si le domestique est resté pendant tout le temps du deuil, quelque court que soit ce temps.

La durée de deuil est, suivant nos usages, la suivante :

Grands deuils :

Deuil de veuve, un an et six semaines ;
De père et mère, un an ;
De beau-père et belle-mère, un an ;
De grand-père et grand'mère, six mois ;
De frère et sœur, six mois ;
De beau-frère et belle-sœur, six. mois.

Deuils ordinaires :

Deuil d'enfant, six mois ;
D'oncle et tante, trois mois ;
De cousin germain, six semaines ;
De cousin issu de germain, trois semaines.

L'usage veut que les domestiques soient en grand deuil pendant toute la durée ; pour eux, il n'y a pas de demi-deuil.

5° Argenterie, vaisselle.

Les domestiques répondent des pièces d'argenterie qui leur sont données en compte, mais non de la casse de la vaisselle ou de la verrerie, à moins qu'il n'y ait manifeste intention de malveillance.

6° Étrennes.

Nous ne croyons pas que le maître soit fondé à réclamer ou à retenir, sur les gages, la valeur des étrennes par lui données au domestique quand celui-ci quitte son service avant le 1er février. « Vous n'étiez pas obligé de donner ; vous comptez un ingrat de plus, voilà tout. » (Carré, *Nos petits procès*.) Cependant la croyance générale à ce droit de *rétention* a le bon résultat de retenir le domestique un mois de plus, et ce mois est souvent celui des meilleurs services.

Deuxièmement. — *A la campagne.*

1° Congé.

Les jardiniers, vignerons logés chez le maître se louent pour une année à compter du 1er novembre.

S'ils entrent dans le courant de l'année, le terme expire néanmoins le 1er novembre suivant.

Le 22 juillet (Madeleine), le congé doit être donné ; sinon le louage continue pour une année.

Cette coutume est à tous égards mauvaise ; nous savons par expérience, hélas ! ce que peut faire ou ne pas faire un jardinier ou vigneron qui aurait désiré ne pas quitter, depuis le 22 juillet jusqu'au 1er novembre, c'est-à-dire pendant près de quatre mois !

On dit que trois déménagements équivalent à un incendie ; on peut également dire que trois jardiniers ou vignerons ayant reçu congé à trois Madeleines successives équivalent à une inondation. Mais c'est la coutume !

Les garçons jardiniers, aides-vignerons sont loués à l'année ; leur louage expire chaque année, sans congé nécessaire, à la Toussaint.

Les garçons et filles de ferme, bouviers, vachers, sont loués à l'année, de Saint-Jean à Saint-Jean.

Si le maître ne manifeste pas, quelque temps avant le terme, le désir de renouveler, son silence équivaut, pour le domestique, à un congé ; il comprend qu'il doit se pourvoir ailleurs.

2° Vendangeurs.

Pothier (n° 165) dit : « Lorsqu'un serviteur a loué ses services à un maître, si par une force majeure ces services n'ont pu être rendus, le maître doit être déchargé du prix desdits services. Ainsi, les vendangeurs sont engagés de grand matin ; avant de commencer leurs travaux, le temps se met à la pluie ; ils s'en vont sans rien réclamer. Si le mauvais temps n'est survenu que depuis la journée commencée, ils ont droit au prorata du temps fait ; si la pluie commence vers midi, l'usage est, dans notre province, de leur donner à dîner et de leur payer une demi-journée.

Si le maître, ayant pris plus de vendangeurs qu'il ne lui en fallait, la vendange est terminée avant le soir, la journée entière est due aux vendangeurs,

3° Faucheurs, faneurs.

Les mêmes règles sont applicables aux faucheurs, faneurs et bûcherons qui ne sont pas à la tâche.

Troisièmement. — *Règles communes.*

1° Maladie. — Décès.

A la ville, il suffit d'un congé de huit jours pour résoudre le louage ; les questions qui peuvent se présenter sont alors toutes simples. Il en est autrement du louage à l'année.

Le décès du maître, sa déconfiture ou faillite ne résolvent pas le louage sans indemnité.

Le décès du domestique rompt l'engagement sans indemnité.

La maladie du domestique pendant un temps assez long autorise le maître à retenir les gages au prorata ; il est d'usage, nous dirons même d'humanité, que si un domestique, depuis un certain temps dans une maison, tombe malade, le maître ne le paie pas pendant sa maladie, mais paie médecins et pharmaciens.

2° Infirmités. — Service militaire.

La survenance d'infirmités qui rendent le domestique incapable du service pour lequel il a été loué fait cesser l'engagement sans indemnité, sauf le cas d'accidents arrivés à l'occasion du service du maître dont il peut être responsable.

Le service militaire, pour une durée plus longue que les périodes d'instruction, fait cesser le louage purement et simplement ; l'âge du domestique faisait prévoir l'événement. Les périodes d'instruction militaire (vingt-huit ou treize jours) ne donnent pas lieu à résiliation du contrat. La retenue sur les gages au prorata est autorisée en droit ; mais en fait, à l'exemple des administrations et des maisons de commerce, on paie les domestiques comme s'ils étaient présents. C'est un acte de patriotisme et de solidarité sociale.

3° Obligations naturelles.

Si un domestique était contraint, par l'effet d'une obligation naturelle, comme celle d'aller soigner ses père et mère âgés, infirmes ou victimes d'accidents, de quitter son service, il n'y aurait pas lieu à indemnité. (Voir Pothier, n°s 168 à 177.)

4° Faits graves.

Si, pendant la durée du louage à l'année ou à plus long terme, survenaient de la part du domestique vis-à-vis du maître, ou réciproquement, des faits graves de nature à empêcher la continuation des services, il y aurait résolution immédiate du louage, avec indemnité de la part de celui à qui ces faits seraient imputables, suivant les règles du droit commun.

5° Louées.

Il y a tous les ans, le 2 novembre, à Orléans, place du Martroi, une *louée* de domestiques, et à la Saint-Jean (24 juin), dans plusieurs communes des environs, une *louée* de garçons et filles de fermes ; mais ces louées ne sont que des bureaux de placement en plein vent.

6° Bureaux de placement.

Le bureau de placement est une agence qui, moyennant rétribution, sert d'intermédiaire entre les domestiques sans places et les maîtres qui ont besoin de domestiques.

Le paiement de la rétribution due au bureau incombe au domestique ; le maître ne peut la payer en l'acquit du domestique que du consentement de celui-ci.

Le droit de placement n'est dû au bureau que lorsque le domestique est resté au moins huit jours en place. (Carré, *loc. cit.*)

7° Visite des malles.

Quand un domestique quitte une maison, il prie le maître de visiter ses malles et paquets.

Croyez-vous que si le domestique a voulu soustraire des objets, c'est dans ses malles, sujettes à visite, qu'il les a mis ? Cette visite est donc inutile si le domestique n'est pas honnête, et blessante dans le cas contraire.

8° Certificats. — Renseignements.

Le maître ne peut pas refuser un certificat au domestique qui le quitte, à peine de dommages-intérêts, si le refus du certificat empêche le domestique de se replacer.

Le maître peut ne pas décerner des éloges dans le certificat ; mais il ne doit pas non plus y articuler des griefs : il peut se borner à constater l'entrée et la sortie *libre d'engagement.*

Si, en effet, vous avez des faits graves à imputer à l'honorabilité du domestique, vous devez ou saisir la justice ou vous taire, à votre choix ; si ce sont de simples reproches d'humeur ou de services, tout n'étant que relatif en ce monde, ce qui vous choquait pourrait ne pas déplaire à d'autres maîtres.

Quant aux renseignements, l'expérience démontre que celui qui les donne peu favorables a toujours des désagréments, et que le plus simple est de se contenter de répondre, même aux amis : que le domestique *s'ennuyait* probablement dans la maison.

9° Nouvelle place.

Lorsqu'il y a eu congé donné, le domestique a droit, dans la journée, quand son service n'en peut souffrir, à deux heures pour chercher une nouvelle place, mais seulement jusqu'à ce que cette place soit trouvée.

10° Domestiques mineurs.

Le maître remplace la famille ; il est tenu comme tel à donner à ses domestiques mineurs de bons exemples, de sages conseils, et de veiller à ce que leur conduite soit régulière ; il doit prévenir les parents des écarts que pourraient commettre leurs enfants, et leur signaler tout ce qu'il a pu remarquer en eux qui soit répréhensible.

Tant que le domestique est mineur, ses gages ne peuvent être payés qu'à ses représentants légaux, père, mère, tuteur. (Demolombe, t. VI, n° 505.)

Si ce mineur avait été loué par une personne autre que par ses père, mère ou tuteur, le maître ne pourrait valablement payer ses gages à cette personne qu'en vertu d'une autorisation expresse de ceux-ci.

11° Responsabilité du maître.

Les maîtres sont responsables des dommages causés par leurs domestiques dans les fonctions auxquelles ils sont employés. (C. c., 1883.)

Le maître est encore responsable de toutes les actions dommageables de son domestique mineur, même en dehors de son service, parce qu'il représente la famille et doit exercer sur lui une constante surveillance.

12° Privilége des gages. — Prescription.

Le salaire des gens de services est garanti par un privilége pour l'année échue et ce qui est dû sur l'année courante. (C. c., 2101, 4°.)

L'action résultant de ce privilége se prescrit, savoir :

Celle des ouvriers, gens de travail, pour le paiement de leurs journées et salaires, par six mois (C. c., 2271);

Et celle des domestiques qui se louent à l'année, pour le paiement de leur salaire, par un an.(C. c.,2272.)

IV. — TRIBUNAL COMPÉTENT.

Les difficultés ordinaires entre maîtres et domestiques doivent être portées devant le juge de paix du domicile du maître.

Le juge de paix, après essais de conciliation, statue en dernier ressort jusqu'à 100 fr., et en premier ressort à quelque somme que s'élève le litige.

TABLE DES MATIÈRES

———

Imp. Georges Jacob, — Orléans.